Porque

(...escrevo)

Klaus Ebner

Porque
(...escrevo)

© 2021 Klaus Ebner, www.klausebner.eu
© Tradução: Klaus Ebner [Warum (… ich schreibe)]
Capa e orientação gráfica: Klaus Ebner, baseado numa
imagem de Janet Gooch (www.pixabay.com) e numa foto-
grafia de Karl Grabherr (www.grabherr-photography.com)
Revisão: Pedro Séneca Cardoso – Coimbra, Portugal
(pedroseneca@gmail.com)

Impressão e acabamento: BoD – Books on Demand, RFA
info@bod.com.es – www.bod.com.es
BoD Espanha, Madrid
Printed in the European Union
ISBN: 978-84-13730288

Índice

A pergunta

Como escritores, sempre nos perguntamos, automaticamente, *porque* escrevemos. Li esta afirmação, ou outras semelhantes, muitas vezes em vários artigos e comentários, e até na literatura filológica. Mas é realmente assim?

Refletindo, diria que, na realidade, o que acontece é um pouco diferente: não são os escritores mesmos que, devido a alguma necessidade interior, se fazem essa pergunta, mas as pessoas ao seu redor — as leitoras e os leitores, amigos e familiares e, finalmente, jornalistas e estudiosos da literatura — aqueles que tentam descobrir a motivação ou, como podemos ler algumas vezes, a fonte de inspiração que possibilita a chegada de honestos cidadãos a autores.

A pergunta sobre *porque* escrevemos pede justificativa. Mas porque temos de justificar isso? Parece que os escritores são desalinhados da sociedade, *outlaws*, sonhadores irresponsáveis e pessoas loucas. Bem, admito que talvez estejamos um pouco loucos, porque, de um ponto de vista objectivo, o facto de seguirmos uma vocação que quase sempre dá muito trabalho, mas da qual se recebe muito pouco dinheiro (e que só permite que uma minoria minúscula de nós ganhe a vida) não se encaixa em nenhum pensamento económico ou, simplesmente, racional.

Nunca me perguntei *porque* escrevo. Escrever faz parte da minha essência, é expressão da minha personalidade e não consigo imaginar a vida sem escrever, assim como acho difícil imaginá-la sem um dos meus membros. Mas, é claro, também me fizeram essa pergunta com frequência. Ao início, costumava ficar de boca aberta (isto é, com cara de parvo), sem saber que responder. Provavelmente não entendi bem o que me estavam a perguntar. Pouco a pouco, porém, comecei um longo processo de reflexão.

A questão do *porquê* não é fácil. Para me aproximar e finalmente encontrar uma resposta sólida, aconselhava-se explorar cuidadosamente a evolução pessoal, ou seja, no meu caso, como e porquê, desde muito cedo e a partir da infância, gradualmente me tornei na pessoa que sou hoje.

O início

Sem dúvida, tudo começa na infância. Neste período, não admito a questão do porquê, visto que muitas das coisas que acontecem na infância não estão sujeitas ao controlo voluntário e muitas permanecem mistério para sempre.

O meu talento para a língua manifestou-se muito cedo. A minha mãe costumava dizer que eu já dizia frases completas e fluentes com apenas *um ano* de idade. Acho difícil aceitar essa afirmação pelo valor facial, provavelmente porque não conheço qualquer criança (e aqui incluo os meus filhos) que tivesse uma proficiência linguística tão incrível com tão tenra idade.

Do que me lembro muito bem é que, nos primeiros anos de vida, não ouvia nenhum tipo de dialecto ou gíria. Morávamos em Viena, capital austríaca, e era importante para os meus pais que o filho falasse *bem*, ou seja, de acordo com *a língua escrita*, a que, muitas vezes, também chamavam — incorrectamente — *alto-alemão*. (A minha família não sabia que absolutamente todas as variedades, registos e dialectos do alemão superior e alemão central pertencem ao alto--alemão e que apenas o baixo-alemão, falado no extremo norte da República Federal da Alemanha, difere.) Na minha família, ninguém falava gírias vienenses, e os meus contactos esporádicos com os dialectos limitaram-se às férias em família na Caríntia (especialmente no Lago Klopein), já que minha estada no jardim-de--infância foi de apenas algumas semanas e não teve impacto educacional em mim.

Um dia, quando tinha quatro ou cinco anos, a minha mãe subiu a correr a escada da nossa casa (não me lembro o que estávamos lá a fazer) e repreendeu-me porque eu tinha praguejado. Não sabia do que é que ela estava a falar, e tivemos uma discussão cheia de censuras, respostas e curiosidade. Como não entendia o motivo da sua raiva, pedi que me dissesse que palavra era, pois só então saberia se realmente tinha saído da minha boca. Pareceu-me que se passou meia hora (embora não devessem ter passado mais de dez minutos) até que, por fim, ela soltou aquele *palavrão* (que, infelizmente, entretanto se apagou da minha memória). Foi a primeira vez, na minha vida, que ouvi isso. Já não me lembro se era obsceno ou não, mas, em vez disso, tenho a certeza de que era uma expressão de dialecto.

A gíria vienense tornou-se parte da minha linguagem na escola, mas apenas com amigos ou colegas de classe. Porque sempre achei que a gíria e o dialecto não pertenciam à minha língua, mas eram palavras estranhas que, na verdade, fui obrigado a usar, mas que rejeitei e odiei. Ter a possibilidade e a obrigação de falar com os professores através da linguagem escrita foi, para mim, um raio de esperança e algo de imenso valor. (É por isso que rejeitei, desde o primeiro dia, os dois professores que tiveram a ideia de falar em dialecto para a classe, para conquistar os alunos; fizeram-me pagar por isso, dando-me notas baixas.)

No segundo ano do ensino médio, ainda não havia nada que previsse que as línguas estrangeiras acabariam me encantando. A minha primeira prova escrita em inglês (matéria que inicialmente desprezei, claro) foi inesquecível. A pergunta era: *Does your friend speak German?* Apesar da minha constante falta de atenção, ficou claro para mim que os nomes próprios, em inglês, começavam com maiúscula; por isso escrevi a minha resposta no caderno sem a menor hesitação: *Yes, German is my friend.*

A partir do primeiro ano do ensino secundário, tínhamos latim. Um fiasco de seis anos! Se não repeti nenhum ano, foi só graças ao professor dos últimos quatro anos, que deve ter adivinhado os meus talentos (entre os quais, sem dúvida, o latim não estava incluído) e me agarrou pela orelha, arrastando-me para o colégio.

Mas então, durante as férias que antecederam o terceiro ano, descobri o francês. E, como se costuma dizer: Foi amor à primeira vista! Desde o primeiro ano da educação francesa, deixei os meus colegas de classe muito para trás. Mais tarde, sozinho, estudei outras línguas românicas. Aprender essas línguas deu-me grande prazer (um prazer que sinto até hoje), assim como descobrir línguas muito diferentes, como o árabe. Em todas as línguas, fui atraído pelas literaturas: romances e contos de outras culturas, poesia e peças de teatro. As diferenças no uso de alguns conceitos literários surpreenderam-me. E depressa fiquei apto a listar nomes de autores de que os meus colegas nunca tinham ouvido falar.

Os livros (I)

Gíria e dialecto não fazem parte da bagagem deste autor, mas sim a língua austríaca padrão e a língua alemã escrita. Comecei a ler livros muito cedo, no ensino básico, pouco depois de ter desenvolvido alguma capacidade de leitura, também por insistência de minha mãe. Lembro-me de ter uma colecção de livros juvenis com lombadas vermelho-escuras. Era uma colecção de clássicos da literatura, alguns dos quais já originalmente escritos para crianças, mas também havia verdadeiros monumentos da literatura mundial, resumidos para os leitores mais jovens e simplificados no que diz respeito à linguagem. Havia títulos como *A Ilha do Tesouro*, *As Aventuras de Tom Sawyer*, *Moby Dick* ou *As Viagens de Gulliver*. Só alguns anos depois é que percebi que havia sido alimentado (sem qualquer propósito oculto) principalmente com traduções de literatura em inglês. Talvez essa colecção também contivesse *Vinte Mil Léguas Submarinas* ou *As Aventuras de Pinóquio*, mas não me lembro desse detalhe. Do que me lembro é que havia um livro sobre um menino índio que vivia nas florestas dos Montes Apalaches, nos séculos XVII ou XVIII que, numa prova de coragem, se perdeu e teve de lutar para chegar à idade adulta. Acho que não era um livro famoso, porque o título desapareceu sem deixar vestígios, na névoa da minha infância.

Antes de cada Natal, eu fazia listas, nas quais determinava meticulosamente qual o livro que cada membro da família me daria. No caso da minha tia-avó, já sabia que tinha de escolher algo no catálogo de um clube do livro; no que respeita aos outros, poderia agir com mais liberdade. Normalmente funcionava bem: os meus pais garantiam que os meus pedidos fossem atendidos. Acho que nem tinha dez anos quando encomendei *Os Quarenta Dias de Musa Dagh*, de Franz Werfel. Parece que o que me cativou foi a capa colorida do livro, porque, nessa altura, não conseguia ler aquele volume; décadas ainda teriam de se passar antes disso. Nos últimos anos da escola primária, coleccionei os livros de Karl May, que considerei muito famosos, mas dos quais li apenas volumes de histórias que aconteceram na América do Norte ou do Sul. Quando, certo dia, num programa de televisão, descobri que May era quase desconhecido fora dos países de língua alemã, fiquei perplexo.

Na minha lista de desejos de Natal estavam livros de não-ficção e os primeiros grandes clássicos de todo o mundo. Quando, por volta dos quinze anos, junto com o meu amigo Peter, descobri a ficção científica anglo-americana, e vimos muitos títulos em inglês serem devorados, já fui eu quem passou a comprar os livros (felizmente, os volumes de ficção científica eram muito baratos). Entretanto, porém, a vontade de escrever contos do género também cresceu em mim, e por isso torturava os professores de inglês e francês, que corrigiram (de boa vontade) os escritos que fiz, cheios de relatos incríveis e rocambolescos (mesmo um pouco tarde, quero prestar os meus sinceros agradecimentos!).

Não posso dizer em que ponto me interessei pela maioria da Literatura. Tudo o que sei é que a minha primeira leitura de *O Processo* de Kafka me ficou gravada na memória: não entendi quase nada e estava atormentado pelo texto enfadonho, do qual não retinha sequer o que havia lido nas duas páginas anteriores. Hoje, sorrio e abano a cabeça, porque considero *O Processo* de Kafka um dos maiores romances da literatura mundial.

Lembro-me muito bem que a literatura universal também determinou a disciplina de Alemão que tive no ensino secundário. Como a minha lista de leitura estava cheia de livros estrangeiros (claro que todos traduzidos para o alemão), a minha professora pediu-me para retirar as referências e incluir algo mais de Goethe-Schiller-Stifter-Schnitzler, o que fiz com relutância. (E devo dizer que fiquei muito decepcionado, porque, no final ela não me fez perguntas sobre a literatura mundial, que eu considerava magnífica.)

No segundo ano do ensino secundário, no Natal, pedi aos meus pais a nova edição da obra completa de Paul Celan. Não a encontrando debaixo da Árvore, fiquei muito desapontado, mas quieto, fazendo um esforço doloroso. Aquela não foi uma noite feliz para mim, até que a minha mãe, chamando-me à parte, revelou que a entrega da editora se havia atrasado e deu-me um *voucher* (então, secretamente, tive vergonha de ter reagido como uma criança chorando). Depois das férias, feliz que nem um passarinho, fui a uma livraria (que hoje já não existe), localizada perto da Catedral de Santo Estêvão, em Viena, para desenterrar o meu novo tesouro.

Os precursores

Posso-me ter esquecido de mencionar um ponto importante: há muitos autores que escreveram notas, ensaios ou livros inteiros sobre o assunto. É evidente que quem agora aqui escreve conhece alguns desses textos. Portanto — e é precisamente por isso que falo em esquecimento — a questão de *porquê* também me veio através da literatura. Durante os meus estudos em Filologia, recebi logo inúmeros comentários de autores que fizeram referência a este tópico.

Um dos primeiros autores que vi abordando a questão de porquê escrever foi Jean-Paul Sartre. Já gostava do trabalho desse escritor e filósofo, no meu período escolar. Eu lia as peças e os romances, para mim próprio, de cima a baixo, também conhecia a sua filosofia e apreciava os seus textos autobiográficos. Pouco depois, encontrei o livro intitulado *Qu'est-ce que la littérature ?* Devorei este ensaio, mais como autor em potencial do que como aluno (e, muitos anos depois, voltei a lê-lo). De acordo com sua concepção de existencialismo, Sartre defende ferozmente a tese de que não pode haver literatura sem *compromisso* (político) e de que a literatura, quando não existe compromisso, não tem valor. Neste ensaio,

Sartre apresenta exemplos e demonstra o compromisso político ou social de muitos textos contemporâneos, mas também ataca autores que se concentram principalmente na arte, decorrendo do simbolismo, ou que defendem firmemente a máxima de *l'art pour l'art*. Segundo Sartre, a literatura é sempre escrita para os outros e, portanto, não faz sentido colocar a arte, por si só, no centro das atenções.

O ensaio de Sartre impressionou-me, sem dúvida. Afectou as minhas ideias juvenis e, hoje em dia, quando contemplo os escritos medíocres que me foram publicados nas revistas literárias da época, é óbvio para mim que, naquele momento, de alguma forma, me tentei envolver socio-politicamente e tratava de expressar compromisso com os meus escritos. Porém, ao ler aquele ensaio, fiquei com uma sensação de incómodo, pois não gostei que Sartre condenasse toda uma série de autores (que, em muitos casos, eu apreciava muito). Com o passar dos anos, estou cada vez mais convencido de que o noivado com Sartre pode ser *um* motivo para escrever, mas de forma alguma o único e, sobretudo, não se deve tornar obrigação.

Com o livro *How to write*, Gertrude Stein deu um salto adiante. Esta autora não pergunta porque os autores escrevem, ou deveriam escrever:

ela aceita sem comentários. O que faz, em vez disso, é mergulhar nas técnicas de escrita e ferramentas linguísticas que os escritores devem interiorizar para produzir boa literatura.

George Orwell passou a sua (breve) vida mergulhando na linguagem política e ideológica. O seu motivo para escrever era o compromisso político, na mesma linha de Sartre, e o breve ensaio *Why I write* responde, resumidamente, à questão de porque escolheu ele esse caminho, com as suas experiências de jovem nas colónias britânicas e, anos depois, na Guerra Civil Espanhola. Parece-me que os comentários da escritora Montserrat Roig (que também morreu prematuramente) estão relacionados com a explicação de Orwell, uma vez que ela atribui o seu impulso de escrever à opressão brutal a que a população catalã foi submetida pelo regime de Franco. O escritor Josep Pla, catalão como ela, criou, apesar da ditadura fascista, uma magnífica obra literária. Certamente ele deve ter sentido um desejo semelhante.

No ensaio *Why write?*, Paul Auster afirma que começou a escrever quase por acaso, simplesmente porque, uma vez, aos oito anos, tentou obter um autógrafo de um astro do *baseball* que admirava, e não conseguiu, pois nada tinha com que se pudesse escrever. Este autor comenta que, se te acostumas a ter um lápis no bolso, é bem provável que um dia te sintas tentado a usá-lo, e foi assim que ele mesmo acabou por se tornar escritor.

Constato que muitos dos meus colegas encontram algum motivo convincente para escrever; há autores, como Sartre, que conseguem justificar o seu trabalho do ponto de vista teórico e, desta forma, o justificar.

No entanto, tenho minhas dúvidas sobre tal posicionamento. Não consigo imaginar que um escritor possa criar literatura, se a sua personalidade não tiver essa capacidade ou predisposição, desde um primeiro momento. Um autor pode produzir os seus textos mais cedo ou mais tarde, mas desacredito de que alguma causa ou motivação completamente externa seja encontrada.

A escola

Será que a escola influencia o desenvolvimento de um autor? Acho que essa questão pode ser abordada de diferentes pontos de vista. É indiscutível que aprendemos a ler e escrever na escola. A escola familiariza-nos com os livros e a literatura (pelo menos era o que acontecia nas décadas de 1970 e 1980) e encoraja-nos a interpretar histórias e poemas. (Poderíamos comparar a interpretação da poesia com a actividade da indústria alimentícia: num primeiro momento, os diferentes ingredientes são separados e, em seguida, são novamente misturados de acordo com uma nova receita.) Sem dúvida que as aulas de Alemão (ou, em geral, das línguas estrangeiras) deixam a sua marca, e os professores de línguas podem promover o talento linguístico e narrativo ou, ao invés, piorá-lo. Posso dizer com a consciência tranquila que os meus professores pertenciam ao primeiro grupo, embora desconheça até que ponto sabiam disso.

No entanto, gostaria de começar do início: tenho muito poucas lembranças do ensino fundamental. Por isso, tive de confiar no que a minha mãe me estava a contar sobre a minha professora do ensino primário, que parece ter um grande interesse em estabelecer a base para os seus alunos alcançarem proficiência sólida em alemão e na ortografia correcta.

Talvez tenha sido na quarta classe quando, graças às embalagens de pastilha elástica ou outras guloseimas, consegui muitos autocolantes com fotos para colar em cadernos ou folhas (e, provavelmente, em outros objectos também). Não parei até que a minha mãe me comprou um bloco de notas de vocabulário com três colunas e, a partir daí, tornei isso no meu segredo. Às vezes, à noite, quando já estava na cama, escrevia um conto em cada página, colando as estampas de que mais gostava. Eram contos de piratas e chineses, de aventuras no mar e de batalhas contra os monstros que então imaginava estivessem no oceano. Quando alguma dessas histórias era muito longa para uma única página, usava uma página dupla; mas sempre tive de começar da esquerda para a direita, porque odiava virar a página a meio da história. Escrevia cuidadosamente, a tinta, em letras maiúsculas, a que no meu país se chama *Heinzelmännchenschrift* (que significa: *escrita duende*), para que um dia a posteridade pudesse decifrar a minha caligrafia ruim. Quando cometia um erro e tinha de rectificar alguma palavra ou a eliminar por completo, ficava muito irritado, pois já havia começado a desenvolver um certo sentido da estética. A minha intenção era, definitivamente, escrever um livro de histórias muito bom.

Lamento muito que o resultado daquela tentativa infantil de escrever não tenha sobrevivido.

O próximo marco, se lhe podemos chamar assim, foi durante o sexto ano básico. Decidi escrever uma peça para ensaiar depois com meus colegas e, finalmente, a representar no teatro da escola. Um professor de Alemão (que não era meu!) concordou em supervisionar os ensaios da tarde, ou seja, em nos acompanhar oficialmente (embora, na verdade, de vez em quando, ele adormecesse e nós o ouvíssemos roncar muito alto). Comprámos papel ondulado, cola e cartões coloridos para confecionar trajes romanos e gauleses com os poucos recursos de que dispúnhamos. A peça era sobre os irredutíveis gauleses da Armórica, e eu queria encenar a ideia básica de um álbum do Asterix, do qual fiz uma cópia desajeitada. Quando finalmente terminei a peça e a levei para a aula, tive a minha primeira decepção: a minha peça tinha apenas três páginas; é verdade que as folhas estavam cheias de letras minúsculas escritas na máquina de escrever de meu pai, mas, afinal, eram apenas três páginas, que podiam ser representadas no palco em, no máximo, vinte minutos. Ao ver isso, os meus companheiros arregalaram os olhos e expressaram a sua indignação. O professor decidiu que não queria passar mais uma tarde na escola (pois estávamos a fazer muito barulho e ele não queria abrir mão de um sono merecido) e, assim, o projecto finalmente morreu. Fiquei extremamente desolado, mas, pelo menos, evitou-se que o meu desvario se tornasse num desastre completo.

No segundo ano do ensino secundário, tivemos uma outra professora de Alemão, que era estreante e ainda muito jovem.

A professora

Ela tinha acabado de ser aprovada no exame de qualificação para o magistério e começou a sua carreira no nosso instituto, como professora de Alemão e Matemática: Christine Hollmann. Como se pode esperar de jovens professores, ela estava muito comprometida e motivada. Acho que éramos o primeiro ano dela e foi assim que ela *me* encontrou.

Embora nunca tenha sido o meu estilo, durante as primeiras semanas e meses de aulas de Alemão, agi de forma atrevida, comportei-me de forma muito rebelde e mantive uma atitude arrogante. Não ouvia nada na aula, ignorava a professora, não fazia os exercícios e, quando os fazia, pedia aos meus colegas que os entregassem em meu nome. Talvez me sentisse superior àquela professora, que me parecia insegura, ou talvez, pela primeira vez, quisesse ser o *rufia da turma* — sinceramente não tenho ideia de que diabos me estavam a guiar naquela época.

A Sra. Hollmann, apesar de tudo, persistiu. Enfrentou-me com uma objectividade muito profissional, escondendo a sua raiva e, provavelmente, também o seu desespero. Ela até elogiava a qualidade linguística dos ensaios punitivos que me fez escrever, embora eu constantemente zombasse dela, ao contar o número de palavras.

E finalmente — talvez com semanas de atraso, mas enquanto ainda havia tempo — ela fez a única coisa a fazer numa situação como era essa: chamou a minha mãe para uma reunião. E acontece que eu tinha um medo terrível da minha mãe (embora a professora ainda não soubesse)!

Lembro-me perfeitamente do dia em que a minha mãe a foi ver. A última aula era com a professora Hollmann e, ao fim, ela acompanhou-nos ao vestíbulo. Pensando em como teria sido o encontro, até me doía a barriga. Fui até ela e perguntei-lhe timidamente qual tinha sido a reacção da minha mãe.

Em vez de me responder, ela olhou-me com grande entusiasmo (acho que quase me abraçava) e disse: «Querido Klaus, finalmente estás a falar comigo!»

A partir dessa conversa, o meu comportamento peculiar terminou. Em pouco tempo, nem mesmo eu me conseguia explicar as causas daquele início malsucedido do ano. Mas, como nos meus anos de colégio, por algum tempo, a Sra. Hollmann teve a reputação de ser uma professora bastante severa, preocupava-me pensar que talvez a tivesse magoado com os meus truques. (Hoje sei que ela manteve o seu compromisso e a sua personalidade acolhedora.)

Porque conto tudo isso? Pois bem, porque devo a esta professora cinco anos de excelente formação na língua alemã. Apesar de muitas vezes me distrair, naquela época, lembro-me de que, mais tarde, quando estudava Filologia Germânica, muitas vezes pensava: «Céus, já ouvi isso nalguma aula de Alemão!» Essa professora ensinou-nos a história da língua e deu-nos uma pequena introdução ao alto-alemão médio; E, quanto à literatura, permitiu-me dar largas e escolher os temas das apresentações com liberdade quase absoluta.

Graças a esta professora de alemão, o meu amigo Peter e eu ouvimos falar de uma convocação literária dirigida aos jovens: *Junge Literatur aus Österreich* (Jovem Literatura Austríaca), da editora *Österreichischer Bundesverlag*. Inicialmente, tratava-se de votar nos melhores textos da turma (para obter, imagino, um prémio para todo o grupo), mas, tanto para Peter como para mim, ficou imediatamente claro que enviaríamos também os nossos próprios escritos.

Tínhamos dezassete anos e, até então, havíamos escrito apenas histórias de ficção científica, cheias de exageros e peripécias estranhas, principalmente para trabalhos de casa e exames.

Já não me lembro como decorreu concretamente, mas diria que foi esse concurso literário, anunciado pela professora de Alemão, que marcou em mim o início de uma produção literária permanente e séria. É evidente que, naquela época, tinha muito a aprender e que ainda tinha um longo caminho a percorrer (caminho que, então, era completamente desconhecido para mim). O Prêmio Literário Juvenil do banco *Erste Österreichische Spar-Casse*, que me foi concedido por uma novela, no Outono, após terminar o ensino secundário — principalmente graças à intercessão do crítico e jurado Hans Weigel — foi um pequeno passo (ou melhor, um tropeço) na minha vida de autor, passo que ainda não entendia na época.

Os livros (II)

Inicialmente, queria estudar Interpretação. Optei pela Tradução, ao perceber que não era capaz, sequer, de repetir um texto falado na rádio sem alterações — tinha, então, péssimas condições de interpretação simultânea. Em vez disso, destaquei-me na linguagem escrita. No segundo ano da minha licenciatura, matriculei-me em Filologia Inglesa e Românica, mas logo abandonei a Filologia Inglesa e escolhi o Francês como especialidade principal (Faculdade de Românicas). Também me matriculei em Alemão (Faculdade de Germânicas), como especialidade secundária. Fiz esses estudos adicionais por conta própria porque, na Faculdade de Tradução e Interpretação, os textos literários não são tocados. São traduzidos textos especializados de Economia, Direito e Tecnologia, e talvez também artigos sobre Humanidades, que incluam aspectos filológicos, mas nunca obras literárias.

Nos estudos de Filologia Românica e de Germanística, pude estudar Literatura de forma regular, continuei a aumentar, com muito interesse, a minha biblioteca — acrescentando, a partir daí, títulos da literatura francesa — e, por outro lado, também escrevia os meus próprios textos.

Enquanto os autores existencialistas ficavam em segundo plano, descobri a escola do *Nouveau Roman* e tive uma predileção especial pelos livros de Alain Robbe-Grillet. Descobri também André Gide, cujo primeiro romance, *Paludes*, adorei. Os professores de Românicas apresentaram-me os seus diários, e compreendi que a sua obra tardia, *Thésée*, era uma pérola linguística. A prosa de Nathalie Sarraute, por outro lado, parecia-me extremamente difícil e quase ilegível, e muitos anos se passaram antes que pudesse desfrutar da arte da sua linguagem primorosamente cinzelada.

A lista de nomes é tão longa que mal me consigo lembrar de todos. Suspeito, porém, que a literatura francesa é a que mais claramente influenciou minha escrita.

Através da minha segunda língua, descobri a porta de entrada para a literatura italiana: Cesare Pavese e os romances linguisticamente complexos de Carlo Emilio Gadda. Ainda assim, foi Italo Calvino quem se tornou o meu autor favorito: uma palestra na faculdade chamou a minha atenção para o grande livro *Se una notte d'inverno un viaggiatore* (consistindo apenas em vários inícios de romance), e hoje ainda gosto de navegar e ler as narrativas científico-estranhas das *Cosmicomiche*.

A associação

A Associação Literária foi estabelecida sem minha intervenção; ainda assim, o Peter fez-me participar quase desde o início. Éramos um grupo heterogéneo de jovens que não só escrevia, mas também queria publicar os seus textos. A associação também publicou a revista literária TEXTE: páginas e blocos de texto dactilografados, colados a uma folha-modelo, que copiávamos e agrafávamos várias centenas de vezes. Claro, todo o trabalho era feito manualmente. Os poucos livros e brochuras que depois publicámos também foram produzidos de forma absolutamente manual.

Os textos que publicámos desta forma causam-me, hoje, muita vergonha: sem qualquer correção linguística, com erros, às vezes até com conteúdos ridículos. Como fomos obrigados a entregar cópias de cada um dos títulos publicados na Biblioteca Nacional Austríaca, agora não podemos fazer desaparecer essas aberrações juvenis.

Além das histórias e poemas que então publiquei (que não se parecem em nada com os textos que escrevo hoje), também escrevi romances e peças de teatro, naquela época. Ao total, terminei quatro romances. Felizmente, já nada resta desse tempo, mas isso permitiu-me aprender o que significa planear, elaborar e realizar uma longa obra em prosa como um romance. Essas peças, provavelmente, serviram para provar a mim mesmo que era capaz de as escrever (ao passo que os dramas se tornaram mais dramáticos e provaram que eu *não* era capaz).

Escrevíamos textos envolventes (Sartre teria gostado deles). Escrevemos com consternação contra a guerra, a favor da igualdade de direitos para as mulheres, contra a violência e a favor do meio-ambiente (uma reivindicação que, naquele tempo, estava apenas a dar os primeiros passos). Acreditávamos que, com nossa escrita, poderíamos melhorar o mundo e vangloriávamo-nos, entre a ingenuidade e a arrogância. Bem, talvez algo de bom possa ter saído de tudo isso.

Finalmente, comecei um novo romance. Mas só trabalhei até 1987, porque foi nesse ano que, de repente, todos os meus projectos, planos e sonhos foram interrompidos.

A interrupção

1987 foi um ano de mudanças. Já na última fase dos estudos universitários, comecei a trabalhar como tradutor *freelance* (curiosamente, tinha poucas traduções das minhas principais línguas, francês e italiano. Mais frequentemente, traduzia textos de português e de inglês). A nossa associação literária estava prestes a se dissolver e os companheiros das últimas actividades caminhavam para profissões completamente diferentes. Comprei o meu primeiro computador (um PC com processador 8088 e um disco rígido de 20 MB [!], o que, na altura, parecia ser muito) porque percebi que, para oferecer serviços profissionais de tradução, precisava de um processador de texto. Mas a mudança mais importante foi o nascimento do meu primeiro filho.

De repente, forçado a sustentar uma família e ciente de que minha renda literária anual não era suficiente para sobreviver por uma semana, voltei-me para outras áreas; escrevi um livro para a editora Data Becker, sobre processamento de texto, assunto no qual me tornei cada vez mais competente e, pouco depois, comecei a ensinar esse tipo de *software* num centro de treino. O papel de pai, que era novo para mim, foi relativamente trabalhoso ao início, e o que ficou a sobrar foi: Literatura.

Decidi parar de escrever. Bem, pelo menos assim pensava. A expressão por uns tempos vinha constantemente à minha mente, mas tentei ignorá-la. Disse a mim mesmo que, a partir de 1987, não haveria mais textos meus. Isso também era o que julgava... Porque, em retrospectiva, não foi exactamente assim. Sim, as narrativas, as histórias e, sem dúvida, os romances, acabaram. Enterrámos a associação literária em silêncio e perdi os poucos contactos que havia feito. Mesmo assim, o que sobrou daquela época — e nunca consegui erradicar — foi a impressão de que sempre era um escritor!

Do que eu não estava tão convencido era da minha outra actividade, que agora considero uma espécie de acto falhado. Comecei a escrever livros e artigos sobre computação, para revistas especializadas na Áustria, Alemanha e Reino Unido — este último em inglês. Livros sobre processadores de texto, tabelas e composição de computador (designados com a sigla DTP). Certamente, nada disso tem a ver com a escrita, ou seja, com a escrita literária, em rigor. Ou talvez sim? Pois bem, durante cinco anos não me dediquei a escrever qualquer texto literário, o que me fez sofrer muito. Estava cercado pelos textos que escrevia sobre computadores, e não reconhecia qualquer ligação à literatura. Só muito mais tarde é que percebi que essa actividade fortalecera e aprimorara as minhas competências de escrita. (Quando se é contratado para apresentar um pacote de escritório em exactamente quinze linhas para a coluna estreita de um jornal, automaticamente se aprende a dominar o idioma, e não mais se volta atrás.)

Fiz várias tentativas de reescrever literatura, tendo até a ideia de compor algumas histórias engraçadas sobre o mundo dos computadores e oferecê-las a uma editora especializada em informática. Mas essas tentativas não deram em nada, e o papel acabou tão vazio quanto minha cabeça.

Daquela época, guardei apenas algumas notas que, anos depois, passaram a fazer parte do meu diário literário.

A determinada altura, era 1992 e meu filho já tinha cinco anos. O muro de Berlim havia caído, e eu ganhava a vida como instrutor de *software*. Um dia, estava a trabalhar até tarde, na noite, provavelmente preparando um novo curso. Pouco antes da meia-noite, desliguei o computador e fui à casa-de-banho. Senti-me estranho: parecia que algo me estava a acontecer; tive a impressão de que um fluxo de ar estava a passar pelos meus dedos. Depois de lavar os dentes, o meu coração começou a bater mais rapidamente, mas mesmo assim adormeci. De repente, tinha tudo diante dos meus olhos: o salto, a subida, a Torre Eiffel abaixo de mim… senti os raios do sol nas minhas bochechas e o ar suave que deslizava pelas minhas mãos e passava entre os meus dedos.

Febril e, ainda assim, silencioso (para não acordar a minha família), pulei da cama e, já na sala, escrevi uma página inteira de anotações, em ritmo furioso. Voltando para a cama, fiquei acordado por horas. No dia seguinte, voltei a mergulhar no computador e escrevi uma narrativa de várias páginas sem qualquer interrupção. Uma falha no sistema (antes de guardar o documento) esteve prestes a me causar um colapso nervoso e tive de começar do zero.

Com uma empolgação que nunca experimentara antes, tanto a narrativa de *Höhenflug* (*Alto Vôo*), quanto o juramento de nunca mais deixar a literatura surgiram assim.

Os livros (III)

Voltamos mais uma vez aos livros. Os livros acompanham-me sempre, ano a ano, década a década. Mas o que leio está a mudar. Não tem a ver apenas com a idade, mas também com tudo o que me chama a atenção e me interessa por diferentes motivos (particulares ou profissionais). No início dos anos 2000, especificamente em 2001 e 2002, tive a maravilhosa oportunidade de participar em algumas conferências técnicas da Microsoft, em nome da empresa onde trabalho. Essas conferências tiveram lugar em Barcelona.

Comecei a aprender a língua catalã quando tinha dezassete anos. Enquanto estudava Filologia Românica, interessei-me pela cultura catalã, que, na época, na universidade, era uma disciplina secundária. Para o projecto de conclusão de curso escolhi um tema relacionado com os «Países Catalães», embora tivesse de o escrever em francês.

No tempo livre após assistir a essas conferências de informática, dediquei-me a andar pela capital catalã e a visitar todas as livrarias que pude encontrar. Fiquei surpreendido ao ver que elas tinham um horário de funcionamento muito mais longo do que na Áustria (geralmente ficavam abertos até às 9 ou 10 da noite). O meu nível de competência linguística era bastante rudimentar, apesar dos esforços do meu amigo Joan, professor, que me forneceu muitas informações e materiais de aprendizagem da Catalunha. Quando voltei de Barcelona, trazia na mala um total de cinquenta livros, a maioria de literatura catalã contemporânea, mas também alguns sobre questões políticas, culturais e jurídicas.

Só isso, no entanto, não significava nada; talvez apenas que o espaço disponível nas prateleiras de casa diminuiria significativamente.

Porém, depois de dois anos e meio, já havia lido todos aqueles livros, mais de sete mil páginas. Essa leitura, inicialmente não planeada, não só me proporcionou uma sólida competência linguística, mas também foi o alicerce da minha produção poética em catalão, que começou espontaneamente, pouco depois.

A minha biblioteca estava a crescer. Um dos protagonistas de um romance meu, ao falar, com humor, sobre os seus preciosos livros, refere-se à sua *primeira*, *segunda* e *terceira biblioteca*. Nunca lhe chamei assim, mas admito que seria uma forma adequada.

Os catalães

Aconteceu à noite. (Claro que estava escuro: as noites costumam ser escuras!) Quando fui para a cama, não conseguia dormir, e várias palavras e fragmentos de frases me vieram à mente: eram palavras em catalão.

Acendi a luz novamente, peguei num pequeno bloco de notas da escrivaninha e escrevi a lápis o fragmento da frase que dançava na minha cabeça. E depois outro. E mais um.

Como poderia explicar? ... Olhei para as listras no lençol e as listras olharam para mim. E já fazia algum tempo que não nos olhávamos. Murmurei: «Céus, mas isto é Poesia!»

Nos dias que se seguiram, fui tomando outras notas como essa. Tinha plena consciência de que a leitura intensiva em catalão, nos últimos meses, havia adquirido vida própria no meu cérebro. Palavras e frases específicas, que havia lido noutro lugar, foram então combinadas, para se tornarem algo novo, com o qual eu ainda não sabia que fazer. Por enquanto, decidi apenas guardar tudo. Em poucas semanas, já tinha um documento de mais de cem páginas. Consistia em diferentes escritos, divididos em três secções. A primeira consistia em poemas muito curtos, quase como se fossem *haiku*; a segunda era composta por acontecimentos breves e alheios, e a terceira reunia textos inspirados na contemplação das três cidades que, de certa forma, marcaram a minha vida: Viena, Paris e Barcelona.

Uma vez que estava indeciso sobre o caminho que a colecção de textos devesse tomar, resolvi pedir conselhos. Contactei o meu amigo catalão Josep, escritor renomado, e pedi a sua opinião. Pedi-lhe que não medisse as palavras e que, se pensasse que a minha escrita era um *fiasco*, me dissesse abertamente.

Mas ele não disse nada disso. Pelo contrário. Para minha surpresa, gostou dos poemas, principalmente dos curtos, que não tinham título. As correcções que fez no documento surpreenderam-me ainda mais, pois, curiosamente, foram muito poucas. Apontou erros em um de cada quatro poemas — um erro de grafia, uma palavra incorrecta, ou uma expressão incompreensível — e deixou o resto intacto.

Quase nenhum desses poemas sobreviveu. Reproduzi alguns na minha primeira colecção de poemas, mas modificados, e tudo o mais, apaguei. Josep (conhecido nos *Países Catalães* como J.N. Santaeulàlia) escreveu um prefácio para o meu primeiro trabalho em catalão, *Vermells*

(*Vermelhos*). Consegui uma editora em La Cerdanha para me publicar o livro em edição bilíngue, já que adicionei a minha tradução para o alemão. (Tive a ideia de publicar a colectânea de poemas com a tradução, porque me pareceu que talvez assim a pudesse também apresentar na Áustria e na Alemanha. Que surpresa, porém, a de entender como era difícil traduzir a minha própria poesia para a minha língua materna!)

Sem as reacções dos catalães, o meu trabalho provavelmente não teria passado de uma experiência ousada e temerária. Mas o livro causou um certo rebuliço. Eu mesmo contactei o jornal AVUI, e o editor-chefe imediatamente pediu a um dos seus colaboradores que escrevesse um artigo sobre mim. Depois de manter um breve contacto por *e-mail*, no qual tentei dar respostas precisas às suas perguntas (obviamente, havia aquela sobre *porque* escrevia em catalão). O artigo apareceu na secção cultural do jornal e, quando o vi, fiquei sem palavras: era uma página inteira, em formato grande, e tinha uma foto gigantesca minha (o que me fez suspeitar, de imediato, que o editor não queria escrever muito). No dia seguinte, a redação da *Ràdio Catalunya* entrou em contacto comigo. Eles ligaram-me. Parece (como o meu editor confirmou mais tarde) que me tentaram contactar de várias maneiras, porque me queriam entrevistar num *talk show* muito popular do programa da tarde. Ao vivo e no mesmo dia. Lembro-me muito bem dos nervos que passei, mas o moderador tinha tudo sob controlo, falava de tal maneira (um pouco mais lento e pronunciando as palavras com clareza) que entendi tudo o que ele dizia sem problemas, e pude responder a todas as perguntas que me fez. (Mais tarde, por *e-mail*, confessei aos editores que tinha tremido de nervosismo e que, quando terminei, tive de trocar de camisa, porque estava encharcada de suor.) Em pouco tempo, um jornal *online* publicava uma resenha sobre o meu livro, escrita por uma amiga poetisa, Marta Pérez i Sierra, e alguns meses depois descobri, por acaso, que havia um artigo sobre mim na prestigiada *Enciclopèdia Catalana*.

No meu caso, uma razão importante para escrever é esse entusiasmo dos catalães por aquele livro em catalão, entusiasmo que estimulou muito a minha motivação.

A partir daquele momento, pareceu-me que não havia motivo para parar, e continuei a escrever poemas. Sem dúvida que ainda tinha dúvidas sobre a qualidade linguística e literária dos meus poemas. Porquê? Bem, falando claramente: estou bem ciente de que muitos catalães se sentem lisonjeados pelo facto de um não catalão, sem laços familiares com os *Países Catalães*, escrever poemas em catalão, uma língua sob forte pressão política e quase desconhecida no contexto internacional. Suspeitei, então, que minha poesia pudesse ser elogiada e apreciada apenas por esse motivo. Até que, anos depois, especificamente em 2014, ganhei o *Prêmio de Poesia Parc Taulí*. O meu original, portanto, tinha-se destacado entre todos aqueles que apresentaram outros escritores, falantes nativos de catalão. Daí em diante, não havia desculpa, e tive de aceitar o raciocínio de que, se os meus poemas não tivessem qualidade suficiente, não teria recebido um prêmio literário.

A resposta à pergunta de porque escrevo poesia em catalão parece complexa e, acima de tudo, não muito fácil de entender. O que surgiu mais ou menos por acaso e a partir dos meus hábitos de leitura em língua estrangeira, teve um impulso tão grande pela reação entusiástica dos leitores catalães, que essa actividade, bastante inusitada, no caso de um austríaco como eu, agora é parte integrante da minha produção literária. Hoje em dia, até acho muito mais fácil compor poemas em catalão do que em alemão. Parece estranho, e certamente é. Mas talvez tenha a ver com o facto de, como disse o irlandês Samuel Beckett (em situação semelhante, com duas línguas), com a minha língua estrangeira, me mover com muito mais liberdade, informalidade e, de certa forma, com mais coragem.

O porquê

Mas vamos voltar à pergunta do *porquê*. Será adequado? Responder simplesmente «porque tenho de o fazer» parece muito banal. E banalidade e trivialidade são justamente as censuras que me são feitas quando digo isso desta forma.

Pode ser que essa necessidade de escrever soe banal. Agora, não haverá muitos outros escritores com esta mesma convicção?

Ao longo da história da literatura sempre descobrimos que os autores sentem necessidade de escrever, não conseguem desistir e, de certa forma, se sentem compelidos a fazê-lo. Franz Kafka chegou a comparar a escrita a uma doença incurável.

Às vezes, os autores têm de lutar contra o bloqueio do escritor (que é outro lugar-comum no mundo literário), mas não pretendem, de forma alguma, parar de escrever. E se um autor tenta ignorar isso e, realmente, pretende fazê--lo, perceberá muito rapidamente, como eu, que não é capaz. Quem escreve tem dificuldade em parar. Os escritores sabem fazer muitas coisas, mas há uma coisa que eles não podem fazer: parar completamente de escrever. (Se conheço alguém que conseguiu parar, tenho minhas dúvidas se alguma vez considerou seriamente dedicar-se à literatura.)

A evolução dos escritores não conhece regras. Cada um difere dos outros, tanto em termos do processo evolutivo, quanto no que diz respeito aos processos criativos e ao que conhecemos como inspiração. Quando tentamos descobrir a motivação de cada autor, ou fazemos novas descobertas a cada vez, ou o resultado é totalmente ineficaz, porque as evidências que obtemos são muito poucas.

Nunca considerei necessário andar com um caderno (ou bloco de notas) e uma caneta. Acho um exagero pensar que a mera presença desses utensílios pode desencadear um processo de escrita literária. No meu caso, prefiro ter o problema de que muitas das ideias me vêm precisamente quando não consigo anotá-las: quando estou no banho, nu e molhado, ou quando vou para algum lugar e não posso escrever, ou quando estou numa reunião muito importante da empresa onde trabalho. Frequentemente, as ideias que tenho desaparecem — e isso deixa-me triste (e irrita-me) — e só voltam nalguns casos. Talvez seja por causa da minha memória, na qual nem sempre posso confiar; ou talvez seja que essas ideias que desaparecem e não voltam não tenham valor, ao fim e ao cabo e, portanto, não vale a pena as recuperar.

No fundo, não gosto nada da questão de *porquê*. Acho que é teimosa, pegajosa, nojenta. Não sei — e provavelmente não consigo entender — porque é que essa pergunta é feita. Por outro lado, é claro que ela me vai sempre perseguir, e onde quer que tente passar despercebido. O *porquê*, portanto, é um companheiro de viagem indesejado que sou obrigado a suportar. Vitalício.

E então?

Escrevo porque é assim que me expresso. Escrevo porque é assim que me mostro como pessoa e como membro da nossa Sociedade. Escrevo porque tem de ser assim. Escrevo porque a Terra gira em torno do Sol, os outros planetas fazem o mesmo, e a estrela em torno da qual giramos se move pela Via Láctea, porque o número e as dimensões dos corpos celestes excedem em muito a nossa capacidade mental e porque sabemos tão pouco sobre tudo isso.

Escrevo porque sou.

Klaus Ebner nasceu em 1964 em Viena, Áustria. É narrador, ensaísta, poeta e tradutor. Embora a maior parte da sua obra seja escrita em alemão, também escreve poemas em catalão.

Ganhou diversos prêmios de literatura, incluindo o prêmio *Wiener Werkstattpreis,* em 2007, o segundo Prêmio para Contos da associação Österreichischer Schriftstellerverband, em 2010, e o *Prêmio de Poesia Parc Taulí,* em 2014, com a colecção de poemas «Blaus» (Azúis).

A auto-tradução revista deste livro é sua primeira publicação na língua portuguesa.

www.klausebner.eu